SCHIRMER'S LIBRARY
OF MUSICAL CLASSICS

TWENTY-FOUR ITALIAN SONGS AND ARIAS

of the

Seventeenth and Eighteenth Centuries

FOR MEDIUM HIGH VOICE
→ Library Vol. 1722

FOR MEDIUM LOW VOICE
Library Vol. 1723

G. SCHIRMER, Inc.

DISTRIBUTED BY

HAL•LEONARD®
CORPORATION
7777 W. BLUEMOUND RD. P.O. BOX 13819 MILWAUKEE, WI 53213

CONTENTS

Per la gloria d'adorarvi
For the love my heart doth prize
from the opera "Griselda"

English version by
Dr. Theodore Baker

Giovanni Battista Bononcini
(1672-1750)

Per la glo - ria d'a - do -
For the love my heart doth

rar - vi vo-glio a - mar-vi, o lu - ci ca - re; per la
prize, O charm-ful eyes, I would a-dore ye; For the

sì,___ nel mio___ pe-na - re, pe - ne - rò, v'a - me - rò,
vain,___ yet kneel___ be-fore ye. Love is pain, all in vain

lu - ci ca - re, pe - ne - rò, v'a - me - rò, lu - ci ca -
I im-plore ye, love is pain, all in vain I im-plore

re.
ye.

Sen - za spe - me di___ di -
Hope - less 'tis___ to look___ for

Amarilli, mia bella

Amarilli, my fair one

Madrigal

English version by
Dr. Theodore Baker

Giulio Caccini
(1546-1618)

mor t'as-sa - le, du - bi-tar non ti va - le. A - pri-mi il
fear as-sail thee, It can nev-er a - vail thee. Ope thou my

pet - to e ve-drai scrit-to in co - re: A-ma-ril - li, A-ma-
bo - som, and see thy fears re-prov - ed; On my heart 'tis_ writ, On my

ril - li, A-ma-ril - li è il mio a-mo - re; A-ma-
heart 'tis_ writ: "A-ma-ril - li, my be-lov - ed; A-ma-

ril - li_____ è il mio a-mo - - - - re.
ril - li,_____ my be-lov - - - - ed!"

Alma del core
Fairest adored

**English version by
Everett Helm**

Antonio Caldara
(1670-1736)

Come raggio di sol
As on the swelling wave
Aria

English version by
Dr. Theodore Baker

Antonio **Caldara**
(1670-1730)

pla - ci - di flut - ti si ri - po - sa, men - tre del
sun - beams at play are gai-ly rid - ing, While in the

ma - re, men - - tre del ma - re nel pro - fon - do
bo - som, while____ in the bo - som of th'un - fath - om'd

se - no sta la tem - pe - - - -
o - cean There lies a tem - - - -

sta a - sco - - sa: co - sì
pest in hid - - ing: So are

Sebben, crudele
Tho' not deserving
Canzonetta

English version by
Dr. Theodore Baker

Antonio Caldara
(1670-1736)

Seb - ben, cru - de - le, mi fai lan - guir,__ sem - pre fe -
Tho' not de - serv - ing Thy cru - el scorn,__ Ev - er un -

de - le, sem - pre fe - de - le ti vo - glio a - mar.
swerv - ing, ev - er un - swerv - ing Thee on - ly I__ love.

Seb - ben, cru - de - le,
Tho' not de - serv - ing

mi fai lan - guir,____ sem - pre fe - de - le ti_ vo - glio a-
Thy cru - el scorn,____ Ev - er_ un - swerv - ing Thee on - ly I

mar. Seb - ben, cru - de - le, mi fai lan - guir,____
love. Tho' not de - serv - ing Thy cru - el scorn,____

sem - pre fe - de - le ti_ vo - glio a - mar. Con la lun -
Ev - er_ un - swerv - ing Thee on - ly I love. When to thee

ghez - za del mio ser - vir la tua fie - rez - za,
kneel - ing All I_ have borne, Thy pride un - feel - ing,

Vittoria, mio core!
Victorious my heart is!
Cantata

English version by
H. Millard

Giacomo Carissimi
(1605-1674)

sciol - ta_ d'A - mo - re_ La_ vil ser - vi - tù, È sciol - - -
love now has bro-ken its_ shack-les in twain, For love _____

- - - ta d'A - mo - re La ser - vi - tù.
now has bro-ken its shack-les in twain.

meno mosso e dolce assai

Già l'em-pia a' tuoi dan - ni, Fra stuo - lo di sguar-di, Con vez-zi bu -
The false one is van-quish'd, her glanc-es a - muse me, De - cep-tion no

giar-di Di - spo - se_ gl'in - gan - - ni; Le fro - de, gli af - fan - ni Non
long-er with arts can con - fuse me! No false-hood or sor - row op -

han - no più lo - - co, Del cru - do suo fo - co È spen-to_ l'ar-
press me with rig - - or, The flame, once so cru - el, has spent all_ its_

Tempo I°

do - - re! Vit - to - ria! Vit - to - ria! Vit - to - ria! Vit - to - ria, mio
vig - - or! Vic - to - rious! Vic - to - rious! Vic - to - rious! Vic - to - rious my

co - - re! Non la - gri-mar più, Non la - gri-mar più, È
heart is! And tears are in vain, And tears are in vain, For

sciol - ta d'A - mo - re La vil ser - vi - tù, È sciol - - -
love now has bro - ken its shack - les in twain, For love_____

- ta d'A - mo - re   La   ser - vi - tù!
now has bro-ken   its   shack-les   in   twain!

meno mosso e dolce assai

Da lu - ci ri - den - ti Non e - sce più stra - le, Che
Her smile once en - tranc-ing no darts is re - veal - ing, The

p meno mosso e dolce assai

pia - ga mor - ta - le Nel pet - to_ m'av - ven - ti: Nel duol, ne' tor -
wounds in my bo-som with time are_ all_ heal - -ing; All sor-row and

cresc.

men - ti lo più non mi sfac - -cio È rot-to o-gni lac-cio, Spa -
tor-ment no long-er I'm fear - -ing, Now bro-ken each tie is, all

Tempo I°

ri - to il ti - mo - - re! Vit - to - ria! Vit - to - ria! Vit - to - ria! Vit -
fears dis - ap - pear - - ing! Vic - to - rious, Vic - to - rious, Vic - to - rious, Vic -

to - ria, mio co - - re! Non la - gri - mar più, Non la - gri - mar
to - rious my heart is! And tears are in vain, And tears are in

più, È sciol - ta d'A - mo - re La vil ser - vi - tù, È sciol - -
vain, For love now has bro - ken its shack - les in twain, For love

- - - ta d'A - mo - re La ser - vi - tù!
now has bro - ken its shack - les in twain!

Danza, danza, fanciulla gentile

Dance, O dance, maiden gay
Arietta

English version by
Dr. Theodore Baker

Francesco Durante
(1684-1755)

Gi - ra leg - ge - ra, sot - ti - - -
Light - ly and air - i - ly fly

le al suo - no, al
While bound - ing, re - sound -

suo - no del - l'on - de del mar.
ing, the bil - lows out - ring!

Sen - ti il
Dost thou

va - go ru - mo - re del - l'au - ra scher - zo - sa che par - la al
hear the low voic - es of breez - es soft blend - ing Ap - peal to thy

Vergin, tutto amor
Virgin, fount of love

Preghiera
Prayer

English version by
Dr. Theodore Baker

Francesco Durante
(1684-1755)

Largo religioso

Piano

Voice

Ver - gin, tut - to_a -
Vir - gin, fount of

mor, o ma-dre di bon-ta-de, o ma-dre pi - a, ma-dre
love, Dear Moth - er, thou of mer-cy, whose heart was riv - en, whose heart was

pi - a, a-scol-ta, dol-ce Ma-ri-a, la__ vo-ce del pec-ca-
riv - en, O heark-en, Queen of Heav-en, Heark-en to a sin-ner's

tor,— del— pec - ca - tor.
cry,— to a sin - ner's cry.

Il pian - to suo ti muo - va, giun-ga-no_a te— i suoi la -
Let kind com-pas - sion move thee, In mer - cy hear her sad la -

men - ti, suo duol, suoi tri-sti ac - cen - ti, sen-ti pie-to - so quel— tuo
ment - ing, Her mourn - ful moan— as - cend - ing Un-to thy throne of grace on

cor,— pie-to - - so, pie-to - - so, pie-to - - so quel— tuo
high, thy throne— of— grace— on— high,— un-to— thy

Caro mio ben
Thou, all my bliss
Arietta

English version by
Dr. Theodore Baker

Giuseppe Giordani (Giordanello)
(1744-1798)

cor.
lorn.

Il tuo fe - del so - spi-ra o -
Thy lov-er true Ev - er doth

gnor.
sigh;

Ces - sa, cru - del, tan - to ri - gor!
Do but for - go Such cru - el scorn!

Ces - sa, cru -
Do but for -

del, tan - to ri - gor, tan - to ri - gor!
go Such cru-el scorn, such cru - el scorn!

Ca - ro mio
Thou, all my

O del mio dolce ardor
O thou belov'd
Aria

English version by
Dr. Theodore Baker

Christoph Willibald von Gluck
(1714 - 1787)

spi - - ri,
breath - - est

al - fin re -
my soul in -

spi - - ro,
spir - - eth,

al -
my

fin, __ al - fin __ re - spi - - - ro.
soul, __ my soul in - spir - - - eth.

Che fiero costume
How void of compassion
Arietta

English version by
Dr. Theodore Baker

Giovanni Legrenzi
(1626-1690)

Allegretto con moto

Voice

Che fie-ro co-stu-me d'a-li-ge-ro nu-me, che a
How void of com-pas-sion Is Cu-pid his fash-ion, Who

Piano

leggero e grazioso

for-za di pe-ne si fac-cia_a-do-rar, si fac-cia_a-do-rar,_____ che a
drives me by tor-ment him-self to a-dore, him-self to a-dore,_____ Who

for-za di pe-ne si fac-cia_a-do-rar!_____
drives me by tor-ment him-self to a-dore!_____

Pur dicesti, o bocca bella

Mouth so charmful

Arietta

English version by
Dr. Theodore Baker

Antonio Lotti
(1667-1740)

D. S. al Fine

Il mio bel foco

My joyful ardor

Recitativo ed Aria

English version by
Dr. Theodore Baker

Benedetto Marcello
(1686-1739)

Il mio bel fo-co, o lon-ta-no o vi-ci-no ch'es-ser pos-s'i-o, sen-za can-giar mai tem-pre per voi, ca-re pu-pil-le, ar-de-rà sem - - pre.

My joy-ful ar-dor, wheth-er near or far dis-tant from thee I tar-ry, Un-chang'd and con-stant ev-er, For thee, O my be-lov-ed, Shall lan-guish nev - - er.

41572

Allegretto affettuoso

Quel - la___ fiam - ma___ che m'ac - cen - de,
In my___ heart the___ flames that___ burn me,

quel - la___ fiam - ma___ che m'ac -
in my___ heart the___ flames that___

cen - de pia - ce tan - to al-l'al - ma mi - a, pia - ce tan - to al-l'al - ma
burn me All my soul do so en - rav - ish, all my soul do so en -

mi - a, che giam-mai s'e - stin-gue - rà, s'e - stin-gue - rà, s'e - stin-gue-
rav - ish, That they ne'er shall cease to glow, shall cease to glow, shall cease to

Non posso disperar
I do not dare despond
Arietta

English version by
Dr. Theodore Baker

S. De Luca
(15... - 16...)

Non pos-so di-spe - rar,—
I do not dare de - spond,

non pos-so di-spe - rar,— sei trop-po, trop-po
I do not dare de - spond, For thou art all too

ca - ra, trop-po, trop-po ca - ra, sei trop-po ca-ra al cor; non pos - so di-spe-
dear,— thou art all too dear,— too dear un-to my heart. I do — not dare de-

sì! m'è un dol - ce lan - gui - re, m'è un ca - ro do - lor. Non pos - so di - spe -
yes! That soothe while cre - at - ing The pain they im - part. I do not dare de -

rar,—
spond,

non pos - so di - spe - rar,— sei trop - po, trop - po ca - ra, trop - po, trop - po
I do not dare de - spond, For thou art all too dear,— thou art all too

ca - ra, sei trop - po ca - ra al cor; non pos - so di - spe - rar, sei trop - po ca -
dear,— too dear un - to my heart; I do— not dare de - spond, For thou— art all too

Lasciatemi morire!
No longer let me languish
Canto from the opera "Ariana"

English version by
Dr. Theodore Baker

Claudio Monteverdi
(1567-1643)

Nel cor più non mi sento
Why feels my heart so dormant
Arietta

English version by
Dr. Theodore Baker

Giovanni Paisiello
(1740-1816)

Andantino

Piano

dolce

cresc.

Voice *p*

f

p

Nel cor più non mi sen - to bril - lar la gio - ven -
Why feels my heart so dor - mant, No fire of youth di -

tù; ca - gion del mio tor - men - to, a -
vine? Thou cause of all my tor - ment, O

mor, sei col - pa tu.   Mi piz - zi - chi, mi stuz-zi-chi,   mi
Love, the fault_ is thine!   He teas - es me, he pinch-es me,   He

pun - gi-chi, mi mas-ti-chi;   che co - sa è que - sto ahi - mè?___ pie-
squeez-es me, he wrench-es me;   What tor - tures I ___ must bear!___ Have

tà,___ pie - tà,___ pie - tà!___   a - mo-re è un cer - to che,_____ che
done, have done, have done!   Thou, Love, art sure - ly one_____ Will

risoluto

di - spe-rar___ mi fa.
drive me to___ de-spair!

Se tu m'ami, se sospiri
If thou lov'st me
Arietta

English version by
Dr. Theodore Baker

Giovanni Battista Pergolesi
(1710 - 1736)

sempre cresc.

del - la spi - na Do-man poi la sprez-ze-rà, Do-man poi la_ sprez-ze-rà.
thorns dis - cov - er 'Tis to-mor-row thrown a - way, 'Tis to-mor-row thrown a - way.

sempre cresc.

cresc. un poco

Ma de-gli u-omi-ni il_ con-si-glio Io per me non se-gui-rò. Non per-chè mi
All men say of maid - en-fol - ly Finds no fa - vor in mine eyes, Nor be-cause I

cresc. un poco

rit.

pia-ce il gi - glio Gli al-tri fio - ri sprez-ze - rò.
love the lil - y Shall I oth - er flow'rs de - spise.

a tempo

rit.

p

p

Se tu_ m'a - mi, se tu so - spi - ri Sol per
If thou lov'st me, and sigh - est ev - er But for

p

cresc.

cresc.

Nina
Canzonetta

English version by
Dr. Theodore Baker

Attributed to
Giovanni Battista Pergolesi*
(1710-1736)

Tre gior-ni son che Ni-na, che Ni-na, che
For three long days my Ni-na, my Ni-na, my

Ni-na in let-to se ne sta, in let-to se ne
Ni-na up-on her bed has lain, up-on her bed has

sta. Pif-fe-ri, tim-pa-ni, cem-ba-li, sve-glia-te mia Ni-
lain. Loud-er and loud-er, ye play-ers all! A-wak-en my Ni-

*Although this song was long attributed to Pergolesi, it was composed by Legrenzio Vincenzo Ciampi (1719-?)

Già il sole dal Gange
O'er Ganges now launches
Canzonetta

English version by
Dr. Theodore Baker

Alessandro Scarlatti
(1659-1725)

Già il so - le _ dal _ Gan - ge, già il
O'er Gan - ges _ now _ launch - es, o'er

so - le dal Gan - ge più chia - ro, più chia - ro sfa - vil - la, più
Gan - ges now launch - es The sun - god, the sun - god his splen - dor, the

Le Violette

The Violets

Canzone

Alessandro Scarlatti
(1659-1725)

Ru-gia-do-se, o-do-ro-se, vi-o-let-te gra-zi-
Low-ly vio-let, si-lent blow-ing, Dew-y fra-grance sweet be-

o - se, Ru-gia-do-se, o-do-ro-se, vi-o-let-te gra-zi-
stow-ing, Low-ly vio-let, si-lent blow-ing, Dew-y fra-grance sweet be-

che son trop - po, son trop-po am-bi-zi - o - se. Ru - gia-
My am - bi - tion gen - tly chid - ing. Bear this

do - se, o - do - ro-se, vi - o - let - te, vi - o - let - te gra-zi - o - se,
mes-sage, ten-der flow-er, To my fair one, to my fair one in her bow-er;

Ru - gia - do - se, o - do - ro-se, vi - o - let-te, vi - o - let - te gra-zi - o -
Bear this mes-sage, tender flow-er, bear this mes-sage To my fair one in her bow -

rit. *a tempo*

se, vi - o - let - te gra-zi - o - se, Voi vi sta-te ver-go-
er, to my fair one in her bow - er; Say, like thee I'd come un-

mez - zo a - sco - se fra le fo - - - -
As thy fra-grance I would woo

gno-se,
to her,

mez-zo a-sco-se,
As thy fra-grance,

mez-zo a - sco - se fra le
as thy fra-grance I would

- glie,
- her,

fo - glie,
woo her,

e sgri-da - te
As thy beau - ty

le mie vo - glie, che_ son trop-po am-bi - zi -
o'er her steal-ing, From my fond heart love re -

o - se,
veal - ing,

e sgri-da - te le mie_
As thy beau - ty o'er_ her_

vo - glie, che_ son trop - po, son trop-po am-bi - zi - o - se.
steal - ing, From my fond heart, my fond heart love re - veal - ing.

O cessate di piagarmi
O no longer seek to pain me
Arietta

English version by
Dr. Theodore Baker

Alessandro Scarlatti
(1659-1725)

Se Florindo è fedele
Should Florindo be faithful
Arietta

English version by
Dr. Theodore Baker

Alessandro Scarlatti
(1659-1725)

io m'in - na - mo - re - rò.
I'll sure-ly, sure-ly fall in love.

Po - trà ben l'ar-co ten - de - re il fa - re -
How art - ful e'er he draw the bow, Well - vers'd in

tra-to ar - cier,   ch'io mi sa-prò di - fen - de - re d'un
arch-ers' wiles,   My heart I can de - fend, I know, From

guar - do lu - sin - ghier.   Pre - ghi,
an - y lur - ing smiles.   Sigh-ing,

Pietà, Signore!
O Lord, have mercy

English version by
H. Millard

Alessandro Stradella
(1645?-1682?)

Pie - tà, Si - gno - re, di me do - len - te!
O Lord, have mer - cy, I call up - on thee,

Si - gnor, pie - tà, — se a te giun - ge il mi - o pre - gar;
Lord, hear my pray'r, Grant me Thy fa - vor, hear — my pray'r.

di me do - len - te!
my soul is heav - y,

Si - gnor, pie - tà,— se a te giun - ge il
Lord, hear my call, Grant me Thy bless - ing,

mi - o pre - gar,
hear— my pray'r,

Non mi pu - ni - sca il tu - o ri - gor,
Let not Thy hand with rig - or— fall,

Me - no se - ve - ri, cle - men - ti o - gno - ra
Be wrath - ful nev - er, For - giv - ing ev - er,

Vol - gi i tuo - i sguar - di
Shed Thy light up - on me,

so - pra di
and hear my

me, so - pra di me;
call, Lord, heed my call,

Non fi - a ma - i
May I ne'er mer - it

che nel - l'in -
That in per -

Tu lo sai
Ask thy heart

English version by
Everett Helm

Giuseppe Torelli
(1650-1703)

*The following introduction may be used if desired: